JOAN PROCTER, DRACHENDOKTOR

DIE FRAU, DIE REPTILIEN LIEBTE

AF645455

Patricia Valdez

Mit Illustrationen von

Felicita Sala

Übersetzt von

Katharina Naumann

VON HACHT

Für Mateo und Maya, mögt Ihr immer furchtlos sein
– P.V.

Für Samuele, den Wissenschaftler
– F.S.

MIX
Paper | Supporting responsible forestry
FSC® C002795

1. Auflage 2023

© 2023 für die deutsche Fassung
von Hacht Verlag GmbH, Hamburg
Alle Rechte vorbehalten
Aus dem Englischen von Katharina Naumann
Lektorat: Diana Steinbrede
Die Originalausgabe erschien 2018 unter dem Titel *Joan Procter, Dragon Doctor*
bei Alfred A. Knopf, an imprint of Random House Children's Books,
a division of Penguin Random House LLC, New York.
All rights reserved including the right of reproduction in whole or in part in any form.
This edition published by arrangement with Random House Children's Books,
a division of Penguin Random House LLC
Text © Patricia Valdez 2018
Illustrationen © Felicita Sala 2018

Druck und Bindung: Livonia Print, Riga
Printed in Lettland

ISBN 978-3-96826-028-0

www.w1-vonhacht.de

www.instagram.com/vonhacht_verlag

PROBE 14
HANDBUCH
der
HERPETOLOGIE

Früher, als die Frauen noch lange Röcke trugen und man sich nachmittags zu Teegesellschaften einlud, hatte ein kleines Mädchen namens Joan Procter sehr ungewöhnliche Gäste.
Glitschig und schuppig, wie sie waren, kippten sie die Tassen um und krochen an den süßen Wecken vorbei.
Andere Mädchen lasen Geschichten über Drachen und Prinzessinnen. Joan las Bücher über Eidechsen und Krokodile. Statt einer Lieblingspuppe begleitete ihre Lieblingseidechse sie überallhin.

Jeden Tag nach der Schule zog sich Joan in ihr Zimmer zurück, wo sie alles über Eidechsen, Schlangen und Schildkröten lernte. Sie machte sich dabei stets Notizen, genau wie eine Wissenschaftlerin.

Und an den Tagen, an denen Joan krank war und nicht zur Schule konnte, munterten winzige Füßchen und wache Äuglein sie auf. Die Reptilien waren still und aufmerksam, ganz genau wie Joan.

Zu ihrem sechzehnten Geburtstag erhielt Joan ein besonders ausgefallenes Geschenk – ein Babykrokodil! Sie band ihm ein Bändchen um den Bauch und ging mit ihm spazieren.

Eines Tages brachte sie es sogar mit zum Mathematikunterricht.
Ihre Mitschülerinnen kreischten!
Der Lehrer wich zurück!
Offenbar waren Krokodile an der Schule nicht erlaubt.

Als Joan älter wurde, ging sie nicht mit ihren
Freundinnen zu Festen und Bällen.
Stattdessen besuchte sie den Kurator der Fische- und
Reptilienabteilung im Museum für Naturkunde.

Dort unterhielten sie sich über Schlangenschuppen: über ihre Größe, Form und Beschaffenheit, die Muster und sogar über ihre Entwicklungsgeschichte. Manchmal schmuggelte Joan zur Freude des Kurators ihr Krokodil mit hinein. Er erkannte sofort, dass Joan ein besonderes Mädchen war.

Aber bald endeten diese sorglosen Tage.
England befand sich im Krieg. Frauen mussten nun die Arbeit der Männer verrichten.
Dem Kurator fehlten Mitarbeiter, daher stellte er Joan als Assistentin ein.

Im Naturkundemuseum blühte Joan auf. Als Wissenschaftlerin überprüfte sie die riesigen Sammlungen des Museums und veröffentlichte Forschungsaufsätze über Grubenottern und Spaltenschildkröten. Und als Künstlerin erschuf sie die feinsten Modelle und Zeichnungen für die Reptilienausstellungen.
Sobald der Kurator in den Ruhestand ging, übernahm Joan seine Aufgaben.
Die Männer, die aus dem Krieg zurückkehrten, waren überrascht, an seiner Stelle eine Frau vorzufinden, aber die Zeiten änderten sich, und Joan schritt voran.

Ein paar Jahre später beschloss der Londoner Zoo, sein veraltetes Reptilienhaus zu ersetzen. Der Zoodirektor bat Joan, für die Tiere ein neues Zuhause zu entwerfen.

Joan wusste genau, wie man Reptilien glücklich macht. Sie sorgte für eine ausgeklügelte Beleuchtung und ein modernes Heizungssystem, mit dem es die kaltblütigen Tiere warm hatten. Sie brachte Pflanzen herbei und erschuf Malereien, die die natürliche Umgebung des jeweiligen Tiers zeigten.

Mit einem Gehege gab sich Joan besondere Mühe. Denn zu jener Zeit machten Geschichten über eine »wilde, menschenfressende Echse« mit einer langen, gespaltenen Zunge die Runde, die auf der fernen indonesischen Insel Komodo lebte. Es ging das Gerücht, dass …

… sie fast zehn Meter lang sei! Schneller als ein Automobil! Stärker als ein Ochse! Sie nannten das Tier Komododrache – oder auch Komodowaran.

Die Geschichten machten Joan keine Angst. Sie träumte davon, die Drachen aus der Nähe zu studieren.

Am Eröffnungstag des neuen Reptilienhauses wimmelte es im Zoo vor Besuchern.

Sie begafften die Geckos.

Sie spähten in die Python-Käfige.

Und sie bewunderten die Warane.

Aber als sie Joans besonderes Gehege erreichten,
keuchten sie auf.
Zwei Echsen, je über zwei Meter lang,
starrten ihnen entgegen.

Echte Drachen!

Obwohl die Besucher begeistert waren, machte sich Joan Sorgen. Einer der Komodowarane, Sumbawa, sah nicht gut aus.

Zum Schrecken der Zoogäste betrat Joan das Gehege.

Sie brachte Sumbawa mithilfe von sechs verängstigten Tierpflegern zur Reptilienklinik.

Der Drache ließ Joan eine wunde Stelle in seinem Maul reinigen, ohne sich zu wehren. Tatsächlich dankte er Joan, indem er ihr das Gesicht leckte.
Joan fand Sumbawa sehr tapfer.
Die Tierpfleger fanden Joan sehr tapfer.

Die Neuigkeit über Joan und die Komodowarane verbreitete sich sofort. Reporter drängten sich vor dem Reptilienhaus und hatten tausend Fragen.
War sie schon einmal gebissen worden?
Hatte sie Angst vor den Drachen?
Was war das für eine Frau, die
ein Reptilienhaus leitete?

Joan wünschte sich, die Reporter hätten ihr stattdessen Fragen zu den Tieren gestellt.

Joan kümmerte sich um jedes einzelne Wesen im Reptilienhaus. Sie prüfte täglich ihren Gesundheitszustand und führte auch komplizierte Operationen durch. Ihre Hingabe und ihr Talent waren unvergleichlich.

Wissenschaftler auf der ganzen Welt lasen von Joans Forschungen, ihren Fähigkeiten als Tierärztin und dem Erfolg des neuen Reptilienhauses. Sie wurde zu einer internationalen Sensation.

Die Zoologische Gesellschaft in London lud Joan ein, ihre Beobachtungen zu den Komodowaranen auf einem Forschungstreffen vorzustellen. Als Joan auf die Bühne trat, schob sie dabei einen großen Tisch hinein, auf dem Sumbawa saß. Die Zuschauer wanden sich beunruhigt auf ihren Sitzen.
Joan streichelte Sumbawas Kopf und gab ihm eine Taube zu fressen.
Er verschlang sie mit einem Bissen.

Sumbawa wanderte durchs Publikum, während Joan erklärte, dass die Berichte über die Komodowarane größtenteils völlig übertrieben waren: Sie wurden keine zehn Meter lang, sondern drei. Sie waren schnell, aber nicht so schnell wie ein Automobil. Sie konnten gefährlich sein, zumeist aber waren sie sanft.

Als Joan ihren Vortrag beendet hatte,
kam Sumbawa zu ihr zurück.
Das Publikum applaudierte begeistert.

Joans Leidenschaft für Reptilien ließ niemals nach. Den Rest ihres Lebens sah man sie durch den Zoo spazieren oder fahren, immer mit Sumbawa an der Seite.

Und genau wie damals als kleines Mädchen veranstaltete Joan Teegesellschaften für Kinder im Reptilienhaus, zusammen mit ihren schuppigen Freunden. Sumbawa war dabei stets Ehrengast.

JOAN BEAUCHAMP PROCTER (1897–1931)

Joan Beauchamp Procter wurde 1897 in London, England, geboren. Ihre Eltern waren Joseph und Elizabeth Procter. Im Alter von zehn Jahren begann sie, Eidechsen und Schlangen zu sammeln. Statt einer Lieblingspuppe hatte Joan immer ihr Lieblingshaustier, eine große Adriatische Mauereidechse dabei.

Joan besuchte die St. Paul's-Mädchenschule in London, aber wegen einer chronischen Darmkrankheit versäumte sie einen großen Teil des Unterrichts. Dennoch war Joan eine sehr kluge Schülerin. Als sie sechzehn war, schenkte man ihr ein kleines Krokodil. Sie nahm es mit zur Schule, sehr zum Missfallen ihres Mathematiklehrers.

Joan und ihr Krokodil Ramases

Joan suchte Dr. George Boulenger auf, den Kurator der Abteilung für Fische und Reptilien im Naturkundemuseum von London, das damals zum Britischen Museum gehörte. Sie brauchte den Rat eines Experten, ihre Reptilien betreffend. Dr. Boulenger war so beeindruckt von Joan, dass er sie einlud, nach Abschluss der Schule seine Assistentin zu werden. Dieses Arrangement stellte sich als vorteilhaft für Joan heraus, zumal ihre schlechte Gesundheit sie daran hinderte, aufs College zu gehen.

Joan tat sich im Naturkundemuseum schnell hervor und präsentierte ihre erste Forschungsarbeit über Grubenottern mit nur neunzehn Jahren. Vier Jahre später, nach Dr. Boulengers Pensionierung, übernahm sie seine Aufgaben. Sie war eine bemerkenswerte Herpetologin (eine Wissenschaftlerin, die Amphibien und Reptilien erforscht). Ihr Wissen über Reptilien und ihre künstlerischen Fähigkeiten erlaubten es ihr, neben ihrer Forschungsarbeit großartige Ausstellungen durchzuführen.

Aufgrund ihres Erfolgs im Naturkundemuseum wurde Joan 1923 zur Kuratorin der Abteilung für Reptilien im Londoner Zoo ernannt. Dort entwarf sie das neue Reptilienhaus, ausgestattet mit der damals modernsten Technik, die eine stabile Umgebung für seine Bewohner gewährleisten konnte. Joan achtete darauf, dass ihr Entwurf auch eine Reptilienklinik vorsah. Ihre komplizierten Operationen an den Augen und Mäulern gefährlicher Tiere – einschließlich Krokodile und Pythons – machten sie weithin bekannt.

Bald nachdem sie die leitende Stelle im Londoner Zoo angenommen hatte, erhielt Joan aufregende Neuigkeiten von Dr. Malcolm

Smith, einem Herpetologen am Naturkundemuseum: Dr. Smith und der Gouverneur von Niederländisch-Ostindien (heute Indonesien) hatten sich darauf geeinigt, zwei Komodowarane in den Londoner Zoo zu bringen. Damals wusste man kaum etwas über die Warane und kannte nur Gerüchte über ihre außerordentliche Größe und Angriffslust. Joan entwarf schnell einen Anbau für die Drachen im Reptilienhaus. Sie richtete speziell beheizte Felsen ein, eine große Höhle und ein Wasserbecken.

Die beiden männlichen Warane, die nach Sumba und Sumbawa benannt waren, den indonesischen Inseln vor der Komodo-Insel, waren die Ersten ihrer Art, die nach Europa kamen. Nach der langen Schiffsreise waren die beiden Drachen in schlechter Verfassung. Joan pflegte ihre Wunden, und die Warane schienen ihre Mühe zu schätzen. Sie waren viel sanfter als erwartet, und speziell Sumbawa entwickelte eine starke Bindung zu Joan. Sie streiften zusammen durch das Reptilienhaus. Schließlich gingen Joan und Sumbawa auch außerhalb des Hauses gemeinsam spazieren. Joan lenkte Sumbawa dabei mit seinem Schwanz. Sumbawa nahm oft an den Teegesellschaften für Kinder im Zoo teil.

Joan präsentierte ihre Beobachtungen zu den Komodowaranen auf dem Wissenschaftskongress der Zoologischen Gesellschaft London am 23. Oktober 1928. Sumbawa begleitete sie und spazierte während ihres Vortrags frei durch das Publikum.

Joans chronische Krankheit verschlechterte sich zu dieser Zeit. An den meisten Tagen hatte sie Schmerzen, schaffte es aber dennoch, die täglichen Pflichten im Reptilienhaus zu verrichten. Im Alter von 34 Jahren starb sie im Schlaf an den Folgen ihrer Krankheit. Bis zum Ende ihres Lebens sahen die Zoobesucher Joan in ihrem Rollstuhl oft in Begleitung von Sumbawa umherfahren.

Heute findet ihr im Reptilienhaus des Londoner Zoos eine Marmorbüste von Joan, die all die vielen Geschöpfe darin bewacht.

KOMODOWARANE

Der niederländische Zoologe Peter Ouwens, Direktor des Zoologischen Museums auf Java, beschrieb 1912 als Erster die Komodowarane (*Varanus komodoensis*). Diese karnivoren (fleischfressenden) Waranechsen wurden nach der indonesischen Insel benannt, auf der sie entdeckt worden waren. Komodowarane gehören zur Klasse der Reptilien, zusammen mit Krokodilen, Schlangen, Schildkröten und anderen Echsen. Sie gelten als die größte lebende Echsenspezies der Welt, wobei die männlichen Exemplare bis zu 2,50 Meter und die weiblichen Exemplare bis zu 2,30 Meter groß werden können. Durchschnittlich wiegen die Männchen 80 bis 90 Kilo, während die Weibchen 68 bis 73 Kilo auf die Waage bringen. Der größte Komodowaran in freier Wildbahn wog 166 Kilo und maß drei Meter! In ihrer natürlichen Umgebung haben sie eine Lebenserwartung von ungefähr 30 Jahren.

Die ersten lebenden Exemplare der Komodowarane kamen unter großem Trara im Jahr 1927 in Europa an und wurden im Reptilienhaus des Londoner Zoos ausgestellt. Joan Procter war eine der Ersten, die ihre Beobachtungen über Komodowarane veröffentlichte und zeigte, dass die Tiere nicht so bösartig waren wie behauptet.

LITERATURVERZEICHNIS

Bailes, Howard: »Procter, Joan Beauchamp«

Biografie, London: Oxford University Press, 2004

Boulenger; E.G.: »Orbituary: Dr. Joan B. Procter.« *Nature*, 17. Oktober 1931: 664-665.

»Dragons at the Zoo. Two New-Comers Very Particular About Diet.« *The Manchester Guardian*, 16. Juni 1927: 20.

»Dragons, Monsters in the East Indies.« *The Times*, 10. August 1926: 15.

»English Woman Charms Snakes. Joan Procter, 25 Years Old, Has Charge of Reptiles in the London Zoo.« *The Winnipeg Tribune*, 15. August 1923: 19.

»A Fat ›Dragon‹, Thinning Treatment at the Zoo.« *The Times*, 2. März 1929: 17.

MacBride, E.W. »Orbituaries.« Proceedings of the Linnean Society of London, 1931-32 (1933) 144: 183-185.

Mitchell, Chalmers. »Reptiles at the Zoo. Opening of New House To-day. Komodo ›Dragons‹.« *The Times*, 15. Juni 1927: 17.

»Orbituary: Miss Joan Beauchamp Procter.« *The Manchester Guardian*, 21. September 1931: 10.

»Orbituary: Miss Joan Procter, a Zoologist of Genius.« *The Times,* 21. September 1931: 14.

Pinkley, Virgel. »Girl Manages Reptile House in London Zoo.« *Mount Carmel Item*, 28. Dezember 1929: 4.

Procter, Joan B. »Dragons That Are Alive To-day.« Kapitel IV aus Band 1 des Buchs »Wonders of Animal Life. Edited by J. A. Hammerton (Waverly Book Company Ltd., London, 1928-29): 32-41.

Procter, Joan B. »On a Living Komodo Dragon *Varanus komodoensis*. Ouwens, exhibited at the Scientific Meeting, Oct. 23, 1928.« Proceedings of the Zoological Society of London, 1928: 1017-1019.

»The Progress of Science. Electrical Heating for Reptiles, the Zoo Experiment.« *The Times*, 2. August 1926: 13.

»A Quest for ›Dragons‹« *The Manchester Guardian*, 4. August 1926: 14.

»Snakes Alive and a Lady Who Loves Them, London's Curator of Reptiles.« *The Advertiser* (Adelaide, Australia), 4. Januar 1930: 13.

»Women in the News – A Curator at the Zoo.« *The Manchester Guardian*, 21. Juli 1923: 8.

»Zoo Loses Rare Reptile. Death of a Giant Lizard, Docile ›Sumbawa‹.« *The Observer*, 4. Februar 1934: 26.

»ZSL Celebrates Dr. Joan B. Procter for International Women's Day.« *ZSL London Zoo*, 7. März 2014: zsl.org/zsl-london-zoo/news/zsl-celebrates-dr-joan-procter-for-international-womens-day.

Das Reptilienhaus stellte auch andere Amphibien-Spezies aus. Hier sind einige von Joan Procters Original-Bildern der Tiere gezeigt, um die sie sich kümmerte, einschließlich der Atelopus varius, einer mittelamerikanischen Amphibienart aus der Familie der Kröten.

Fig 10.2
Dorsale Schuppen
Rundsc
gekielte